STRASBOURG

AVANT ET PENDANT LE SIÉGE.

STRASBOURG
AVANT ET PENDANT LE SIÉGE.

RÉSUMÉ DES CONFÉRENCES

FAITES

A BALE, SAINT-GALL, ZURICH, BERNE, LA CHAUX-DE-FONDS
ET GENÈVE,

Du 23 octobre au 11 novembre 1870,

PAR

L. LEBLOIS.

TOULOUSE

IMPRIMERIE A. CHAUVIN ET FILS

3, RUE MIREPOIX, 3

1871

AUX SUISSES.

Reçois la dédicace de ces lignes, peuple généreux !

En face des horreurs d'un siége digne des temps barbares, tu as su déployer la plus belle vertu des temps modernes : l'amour de l'humanité.

Tu as prouvé que si, d'une part, il se cache encore dans le cœur de l'homme des instincts brutaux, de l'autre il s'y trouve aussi de nobles sentiments, des élans généreux, d'admirables dévouements.

Tu l'as prouvé, non par des paroles, mais par

des actes, par des actes qui resteront gravés dans l'histoire comme la contre-partie lumineuse, splendide, d'un des plus sombres et des plus sanglants épisodes de la guerre de 1870.

Merci, au nom de Strasbourg !

Merci, au nom de l'Humanité !

STRASBOURG

AVANT ET PENDANT LE SIÉGE.

I

> Les hommes, voyageurs éternels, sont en marche :
> L'un porte le drapeau, les autres portent l'arche ;
> Ce saint voyage a nom *Progrès*.

MESDAMES, MESSIEURS,

Qu'était, avant le siége, cette ville dont le long martyre a été pour la Suisse l'occasion d'une des manifestations les plus nobles que l'histoire ait inscrites dans ses annales?

Quelle était sa vie intérieure? Quel rang occupait-elle dans le monde des idées?

Sujet immense qui, pour être traité avec quelque détail, exigerait des semaines. Strasbourg, en effet, présente un caractère très-varié, vu la diversité des langues, des nationalités, des mœurs, des idées religieuses. Ce serait déjà réduire ce vaste tableau que d'envisager Strasbourg à un seul point de vue, le point de vue protestant. Sous ce rapport, notre ville offre beaucoup d'analogies avec d'autres villes protestantes de la vallée du Rhin. Ses églises, ses écoles, ses grands établissements d'instruction publique, ses nombreuses institutions de bienfaisance, lui permettent de rivaliser sans crainte avec les cités les plus avancées. Mais à cause de cela même, nous risquerions de fatiguer votre bienveillante attention, en vous entretenant de choses généralement connues. Dans une si vaste matière, il ne faut choisir que ce qui a quelque chance d'intéresser.

Sur quoi porterons-nous notre choix?

Personne n'ignore que, dans toute société organisée, on a l'habitude de distinguer deux éléments : le *conservateur* et le *progressiste*.

Lorsqu'une institution est établie, une

croyance professée, en un mot, lorsqu'un rouage quelconque de l'économie sociale et religieuse fonctionne, on appelle *conservateurs* ceux qui lui sont reconnaissants des services rendus, qui ne lui en demandent pas davantage et s'efforcent de le maintenir tel quel. Les *progressistes*, au contraire, moins frappés des services réels obtenus du rouage que préoccupés de ceux que, dans leur pensée, il devrait rendre, voient surtout ses défauts, et tendent à le perfectionner ou à le remplacer par un meilleur. C'est par leur action et leur réaction incessantes que ces deux éléments deviennent les agents de la vie sociale, c'est-à-dire de la croissance et du développement de la société.

C'est sur l'*action de l'élément progressiste* à Strasbourg que je voudrais appeler votre attention ; et pour limiter ce sujet quant au temps, comme il vient de l'être quant à la matière, n'est-il pas naturel que celui qui a l'honneur de parler devant vous se restreigne à l'époque où, remplissant des fonctions publiques, il a vu les hommes et les choses dont il se propose de vous entretenir? Cette époque, c'est celle du *second Empire.*

Le second Empire! Quelles images, quels souvenirs douloureux se présentent à notre esprit, lorsque nous songeons à la désorganisation morale que notre pauvre pays de France a subie sous ce régime! D'une part, les choses grandes et saintes avilies; de l'autre, les honteuses glorifiées! Voyez-vous d'un côté la justice, la liberté, la vérité, toutes ces grandes figures que l'homme honore depuis que sa conscience et son cœur sont éveillés, les voyez-vous bâillonnées, foulées aux pieds, traitées comme des agents dangereux? De l'autre, voyez-vous l'hypocrisie, le mensonge, le servilisme, la vénalité partout encouragés et récompensés? Les voyez-vous s'étaler en plein soleil, le front haut, le sourire sur les lèvres, et, sur la poitrine, la croix d'honneur?

Prétendre que Strasbourg ait eu le rare privilége d'échapper absolument à cette influence funeste, ce serait avancer une énormité, facile à contredire par les faits. Mais on exagérerait en sens contraire, si l'on affirmait que notre ville l'a subie sans restriction. Non certes! Strasbourg n'a jamais perdu complétement son ancien caractère de ville libre, de ville intelligente et réfléchie, qui, au seizième siècle, a été l'une des premières en Europe à embrasser la Réforme, à la suite d'un vote presque unanime de son sénat. Comme en Israël jadis, il était resté des hommes, par centaines, qui n'avaient point plié le genou devant Baal; notre bourgeoisie a conservé des citoyens qui, en face de la compression générale, ont su maintenir leur indépendance et préserver leur for intérieur de ce déluge de boue qui menaçait de souiller et d'engloutir la patrie tout entière.

C'est parmi eux que l'élément progressiste a trouvé ses partisans les plus actifs et les plus décidés. Dès les premières années de l'Empire, une Société s'est formée, qui a mis à sa tête un des hommes les plus intègres, les plus honorables de la ville, Louis-Frédéric Zimmer, malheureusement mort depuis. Elle a lutté d'abord pour soutenir et défendre la libre expression de la pensée, de la foi religieuse dans la chaire chrétienne; pour faire respecter les convictions sincères, quelles qu'elles fussent d'ailleurs ; pour tenir tête enfin à toute velléité d'intolérance et de persécution, de quelque côté qu'elle pût venir.

Parmi les membres de cette Société, il y avait des hommes qui, précisément à l'époque où la question des nationalités était à l'ordre du jour, conçurent pour notre cité le plus bel avenir. Ils avaient été frappés de la position exceptionnelle de Strasbourg sur la carte de l'Europe. Ville protestante, placée sur le seuil d'un vaste empire catholique; ville frontière, assise sur les confins de deux grandes nationalités ; ville hospitalière enfin, qui recevait dans ses murs les enfants des deux peuples, les unissait par le mariage, et comptait parmi ses citoyens des hommes dans les veines desquels coulait un double sang, et qui, parlant deux langues, étaient en quelque sorte doués de deux âmes et capables de concevoir des idées plus larges, de plus vastes desseins.

Ils rêvèrent donc pour Strasbourg un rôle magnifique. Ils voulurent en faire comme un grand entrepôt des idées, comme un vaste port où viendraient affluer les pensées, les découvertes des deux civilisations, et y recevoir la forme la plus convenable pour être accueillies favorablement dans le pays voisin.

D'autres, par leurs études, leurs voyages, leur pratique des hommes, avaient reconnu qu'il faut, dans chaque membre de l'humanité, distinguer deux choses : d'abord l'homme en lui-même, tel qu'il sort, comme on dit, des mains de la nature, l'homme avec son caractère *sui generis*, avec ses aptitudes personnelles, avec ses dispositions propres, par lesquelles il diffère de ses semblables; — puis le cachet que lui impriment la religion et la nationalité au sein desquelles il a vu le jour.

Ils avaient remarqué que généralement, lorsqu'on veut apprécier la valeur d'un homme, on ne juge que d'après ce dernier trait, essentiellement extérieur et variable, qu'on peut imposer indistinctement à l'être le plus vil et à la nature la plus noble, comme les effigies des monnaies sont les mêmes sur les pièces de cuivre et sur les pièces d'or. Ils en ont conclu que, non-seulement on a tort de se laisser déterminer dans ses jugements par une apparence aussi fallacieuse, mais qu'on a tort surtout de se séparer, de se haïr, de se faire la guerre pour ces signes extérieurs. Ils en ont conclu enfin que les hommes feraient infiniment mieux de se rapprocher sous l'influence des sentiments qui font battre tous les cœurs, et de s'unir sur le terrain commun de la nature humaine pour diriger ensemble leur attention sur les misères communes à l'humanité tout entière, sur les ténèbres, les erreurs, les iniquités qui pèsent encore sur elle, sans distinction de secte et de nationalité. Lorsque la faim comprime un estomac, demande-t-elle s'il est protestant ou catholique? Lorsqu'une mère perd son enfant, la souffrance morale est-elle moins déchirante pour la chrétienne que pour la juive ou la païenne?

Ce sont ces douleurs universelles, ces misères cosmopolites, qu'ils voulurent combattre avec des forces plus nombreuses et plus efficaces.

En conséquence, ils adressèrent un appel à tous les hommes éclairés qui reconnaissent, comme Schiller, qu'au-dessus des religions il y a LA RELIGION, qui reconnaissent qu'au-dessus des nationalités il y a L'HUMANITÉ. Ils les convièrent à s'unir pour former ensemble une grande association : *l'Alliance religieuse universelle.*

Ce n'est pas ici le lieu de juger cette entreprise. Ce qui est certain, c'est que nul d'entre vous ne la taxera de mesquine ou de vulgaire. Non, ce n'est pas dans cette Suisse généreuse qui vient d'offrir l'hospitalité, sans distinction de culte, à des hommes qui pour elle étaient des étrangers, ce n'est pas au sein de ce peuple libre, qui vit dans les meilleurs rapports avec toutes les autres nations, qu'on blâmera l'alliance religieuse universelle !

Toute idée, comme toute plante, a besoin, pour se développer, d'air et de liberté. Et c'est ce qui manquait en France sous le second Empire. L'alliance religieuse universelle n'a donc pu avoir qu'un commencement d'exécution ; des sectateurs des trois cultes reconnus en France, le catholicisme, le protestantisme et le judaïsme se sont fraternellement réunis pour s'occuper ensemble des grandes questions religieuses et sociales qui s'imposent de plus en plus à tous les esprits pensants ; mais les nombreux obstacles qui s'opposaient à la constitution de l'*Alliance* comme société régulière, ayant ses statuts, ses assemblées, ses heures de discussion, obligèrent ses membres à se placer exclusivement sur le terrain pratique, à fonder, directement ou indirectement, des sociétés s'occupant chacune d'un devoir humanitaire restreint et spécial. Dès lors surgirent une série d'œuvres qui, toutes, offraient ce double caractère : d'être dirigées par des comités composés de représentants des trois cultes et de se vouer aux intérêts matériels et moraux de ceux qu'on appelle les « déshérités, » de cette classe nombreuse de malheureux devant lesquels, pendant des siècles, le riche et le savant avaient passé comme devant des parias, sans songer que c'étaient des frères, des membres de la grande famille humaine, sans songer que l'ordre et la prospérité publiques ne sauraient subsister à la longue avec la distinction des hommes en deux castes : l'une ayant le monopole de la richesse et du savoir, l'autre privée de ce double avantage.

Il serait trop long de vous énumérer toutes les œuvres ainsi fondées. Permettez-moi toutefois de vous en nommer une, la plus modeste en apparence, mais qui, par l'extension qu'elle a prise en peu d'années et par les heureux fruits qu'elle a déjà portés, n'est pas la moins digne de votre attention. C'est la Société dite des *Loyers*.

On avait remarqué que l'une des causes les plus négligées de la démoralisation des classes ouvrières, c'était le mauvais état des logements. Des murs humides et délabrés, des fenêtres et des portes donnant accès à toutes les intempéries, ne constituent pas en effet une résidence attrayante. L'ouvrier la fuyait. Il se trouvait plus à l'aise au cabaret. Là, malheureusement aussi, s'en allait son gain de la semaine, et quand venait la fin du trimestre, point d'argent pour payer le loyer! Alors pour empêcher la saisie de ses quelques meubles, il portait les uns au mont-de-piété, délogeait avec les autres nuitamment et s'établissait au loin dans un autre quartier. Le propriétaire, frustré de son revenu, n'était nullement tenté d'améliorer ses logements. De là un cercle vicieux dont il semblait difficile de sortir : les mauvais logements entretenant la démoralisation, et la démoralisation entretenant les mauvais logements. La Société des loyers brisa ce cercle, à l'avantage des propriétaires et des locataires. Elle dit à l'ouvrier : « Ce qui vous empêche de payer régulièrement votre loyer, c'est la longue période de douze semaines qui constituent le trimestre, et pendant lesquelles vous dépensez votre gain au fur et à mesure que vous le touchez. Nous vous proposons de nous remettre, chaque dimanche, le douzième seulement de votre loyer, et nous

nous chargeons, le terme échu, de régler votre compte avec le propriétaire. »

Puis elle dit au propriétaire : « Nous vous garantissons le paiement intégral et régulier du loyer de vos logements; mais nous exigeons de vous que ces logements soient habitables et convenablement entretenus. »

De part et d'autre la proposition fut acceptée avec empressement (1). Pour appuyer la Société, des personnes aisées y entrèrent et payèrent chaque semaine le douzième de leur loyer. Ces sommes partielles, immédiatement placées à intérêt, produisaient jusqu'à la fin du trimestre un léger surplus, grossi par les contributions bénévoles des membres donateurs. La Société, toutes dépenses faites, disposait donc, à la fin de l'année, d'une

(1) Grâce à l'ingénieuse idée de M. G. Flach, notaire, de faire des polices d'assurance collective, les nombreuses familles que le prix de la police empêchait d'assurer leur mobilier purent dès lors se garantir contre les chances d'incendie, précédemment si désastreuses pour elles.

somme suffisante pour donner des primes d'encouragement et des récompenses aux familles qui s'étaient distinguées par l'ordre, la bonne tenue de leur ménage et la régularité avec laquelle elles envoyaient les enfants à l'école. La goutte d'eau, tombant sans cesse, finit par creuser même le granit; aussi qui peut dire au sein de combien de familles, par cette influence continue, la dure pierre de la misère et du désordre s'est usée pour faire place à l'ordre et à un modeste bien-être, ces premiers fondements de toute moralité ?

Des bibliothèques populaires, des cours d'adultes furent créés en vue de combattre l'ignorance, cette autre source de misère et de démoralisation. Le 12 juillet (notez la date), se constitua une Société composée, elle aussi, de représentants des trois cultes, en vue de procurer l'instruction aux enfants pauvres. On ne voulait pas qu'il y eût à Strasbourg un garçon ou une fille qui ne fût initié à ces premières notions, à ces rudiments de toute connaissance, nécessaires aux futurs citoyens d'un pays civilisé.

C'est par des œuvres de ce genre que, sous le second Empire, l'élément progressiste faisait concurrence, — une concurrence loyale, — à l'élément conservateur, qui, lui aussi, avait ses œuvres, plus anciennes, plus nombreuses et mieux dotées.

Au moment où tous les cœurs généreux unissaient ainsi leurs efforts pour élever le niveau matériel et moral de la société, pour faire pénétrer dans toutes les couches de la population la lumière et le bien-être, pour rapprocher ceux que leurs croyances, leurs préjugés séparaient les uns des autres ; au moment où plusieurs, portant leurs regards au delà des murs de la ville, poursuivaient avec intérêt, avec joie, les entreprises analogues dans les autres pays, et déjà voyaient en pensée tomber les barrières entre les cultes et les peuples, s'éteindre les haines nationales et religieuses, apparaître enfin le mirage éblouissant de l'avenir le plus fortuné, au moment où, ravis, ils s'écriaient avec le poëte :

> Temps futurs, vision sublime !
> Les peuples sont hors de l'abîme ;
> Le désert morne est traversé...
> Déjà l'on voit, dans nos misères,
> Germer l'hymen des peuples frères...
> . . . . . , ...
> Oui, voyez ! la nuit se dissipe !
> Sur le monde qui s'émancipe,
> Oubliant Césars et Capets,
> Et sur les nations nubiles
> S'ouvrent dans l'azur, immobiles,
> Les vastes ailes de la Paix !

au moment, dis-je, où nous nous efforcions, chacun dans la mesure de ses facultés, de changer ce rêve splendide en une splendide réalité, — voici que soudain, comme un coup de tonnerre, éclate la nouvelle de la déclaration de guerre à la Prusse !

L'effet général produit par cette nouvelle

fut un effet de stupeur et d'indignation. Ceux d'entre nous qui planaient dans les hauteurs éthérées dont je viens de parler furent comme les Icare et les Phaéton de la mythologie, jetés violemment par terre au milieu des tristes réalités de ce globe, encore livré aux caprices et à l'ambition des princes.

Dès les premières menaces de guerre, le 10 juillet déjà, un membre de la Société Zimmer et de l'Association religieuse universelle, M. F. Pilon, le savant et libéral auteur de *Strasbourg illustré*, avait écrit à l'Empereur une lettre remarquable, dont il me parla le 29, et dont voici la substance :

« Sire,

» Je crois de mon devoir de présenter à Votre Majesté la présente supplique, pour la prier de ne pas déchaîner les horreurs de la guerre sur la paisible Europe... »

(L'auteur prédit une coalition contre nous, si la guerre, qui ne devrait se faire que pour affranchir les peuples, a pour cause, au contraire, l'ambition de deux souverains. Puis il ajoute :)

« Un coup d'œil historique, rétrospectif, viendra à l'appui de mon triste présage :

» En 1793, Brunswick et la Prusse attaquent et envahissent la France ; ils en sont expulsés.

» En 1804, l'Autriche nous déclare la guerre. Résultat : Austerlitz.

» En 1806, déclaration de guerre de la Prusse. Résultat : Iéna.

» En 1807, la Russie se joint à la Prusse pour nous attaquer. Résultats : Eylau et Friedland.

» En 1809, nouvelle déclaration de guerre de l'Autriche. Résultat : Wagram.

» Partout et toujours où la guerre est déclarée à la France, les Français sont vainqueurs.

» Par contre :

» En 1808, la France attaque l'Espagne : elle subit des désastres.

» En 1811, la France déclare la guerre à la Russie; elle perd la Grande-Armée.

» Résultat final : Coalition des puissances européennes contre la France épuisée, et deux invasions.

» La patrie, dépeuplée et appauvrie, paie un milliard à l'ennemi. Le héros de ces grandes entreprises meurt dans une île de l'Océan...

» Sire, l'expédition du Mexique a été le premier échec qu'a subi Votre Majesté, comme celle d'Espagne a été le premier échec de son oncle.

» Sire, la conscience d'honnête homme, de patriote et d'ami de l'humanité, m'a dicté cette humble supplique. La voix de la vérité et de la conviction est souvent préférable au langage mielleux du courtisan. »

Cette lettre, inspirée par le patriotisme d'un seul homme, ne suffisait pas, sans doute, pour rectifier les idées de ceux qui prétendent que « la France » voulait la guerre. Mais les rapports des préfets bonapartistes, publiés depuis la chute de l'Empire, constatent combien le pays était opposé à cette funeste entreprise. Sur 89 préfets, 78 ont témoigné énergiquement de l'éloignement des populations pour la guerre, et les 11 autres se sont contentés de promettre leur concours au gouvernement.

De son côté, la chaire chrétienne fut unanime à se prononcer dans le même sens que l'opinion publique, du moins la chaire protestante, car on prétendait que le clergé catholique voyait avec plaisir et encourageait de toutes ses forces une lutte qu'il aimait à présenter comme une guerre de religion.

Les prédicateurs protestants, je le répète, furent d'accord avec l'opinion publique dans la désapprobation qu'ils surent courageusement formuler. Permettez-moi de vous en donner une preuve. C'est l'un des derniers échos d'une chaire aujourd'hui détruite, la chaire du Temple-Neuf !

Que de souvenirs elle rappelle, cette chaire qui a subsisté six siècles, et où se sont succédé les principes les plus contraires, les théories les plus opposées ! Pendant trois cents ans on y voit dominer le catholicisme dans la personne du sombre dominicain qui avait construit l'église. Puis vient le luthérien rigide, puis le rationaliste, puis le piétiste, puis le conciliateur, puis le protestant libéral. Si de tant de bouches diverses il s'est échappé parfois des paroles de fanatisme et de haine, il en est sorti aussi des paroles de paix, de charité, d'union; des paroles que Jésus eût approuvées et qui ont réveillé dans les cœurs des sentiments analogues aux siens.

Voici donc l'extrait d'un discours prononcé du haut de cette chaire, au mois de juillet encore, avant que les puissances belligérantes se fussent rencontrées sur le champ de bataille. On venait d'apprendre, d'une manière certaine, non-seulement la nouvelle de la déclaration de guerre, mais une autre nouvelle encore, non moins étrange, bien que prévue, celle de la proclamation de l'infaillibilité papale.

Le prédicateur rappelle ce double fait, et voici ce qu'il dit :

« Par une coïncidence remarquable, la proclamation de l'infaillibilité papale a eu lieu au même moment où la déclaration de guerre à la Prusse a été envoyée par le gouvernement français.

» N'y a-t-il pas là quelque chose de providentiel ? N'était-ce pas offrir à celui qui venait d'être déclaré incapable d'errer, non-seulement dans les questions relatives aux croyances, mais encore dans celles relatives aux mœurs, à la conduite des hommes, n'était-ce pas lui offrir une solennelle occasion d'inaugurer sa nouvelle dignité par un acte qui lui eût valu l'admiration du monde et les sympathies de ses adversaires mêmes?

» En quoi faisant? En accourant de Rome

vers les frontières de la France et de la Prusse, au moment de l'approche des deux armées, pour se jeter entre les combattants et leur crier : « Arrêtez et réconciliez-vous ! Je vous l'ordonne au nom du Dieu vivant et vrai, le Père et le Sauveur de tous les hommes ! Vous à ma droite, et vous à ma gauche, n'êtes-vous pas frères les uns des autres, étant tous les enfants du même Dieu ! Chaque balle qui sortira de vos rangs pour atteindre une poitrine humaine, ne sera-ce pas une balle fratricide ?

» Vous prétendez au titre de peuples civilisés. Mais la civilisation c'est le progrès, et vous reculez vers la barbarie. La civilisation a condamné le duel entre deux hommes. Or, la guerre n'est-ce pas un duel entre deux peuples, infiniment plus néfaste et plus sanglant ?

» Vous prétendez au titre de peuples chrétiens. Mais le christianisme engage à servir Dieu dans un esprit nouveau, et vous retournez au régime de l'ancienne alliance. Vous reniez le Dieu d'amour, vous abandonnez le Père commun des hommes, pour invoquer le dieu Zébaoth, le dieu des armées, qui ordonnait aux Israélites d'exterminer les nations ! Ou renoncez au titre de chrétiens, ou prenez au sérieux ce beau nom. Que l'offenseur fasse amende honorable, et que l'offensé pardonne ! Que les douceurs de la paix réjouissent ce monde qu'allaient épouvanter les abominations de la guerre !

» Sinon, je resterai debout entre les deux armées. Au lieu d'ordonner, je prierai ; au lieu de parler en maître, je parlerai en suppliant. Et si rien ne peut toucher vos cœurs, si mes prières sont impuissantes à vous arracher les armes des mains, faites feu, mais c'est moi qui recevrai vos premières balles, et avant que vos rangs se heurtent, il faudra que vous marchiez sur mon corps et que vous m'écrasiez sous vos pieds !

» Evêque de Rome, si vous aviez rempli

ce devoir, toutes les communions chrétiennes auraient chanté l'*hosannah* en votre honneur. Toutes auraient reconnu en vous le vicaire de celui « qui s'est fait crucifier pour le salut des hommes. » Vous auriez accompli un acte de culte plus beau que toutes les pompes de la basilique de Saint-Pierre, et nous, que vous appelez des « brebis égarées, » nous serions accourus pour dire : « Gloire à Pie IX ! C'est lui qui est le père des chrétiens ! Il ne veut pas dominer sur la foi des fidèles, mais contribuer à leur joie. Que son nom soit béni aux siècles des siècles (1) ! »

(1) A la même époque, un pasteur de Paris, M. Martin Paschoud, écrivait à l'empereur des Français et au roi de Prusse une lettre touchante dont voici un extrait :

« Sires,

» Dieu ne veut pas que les hommes s'égorgent réciproquement comme des bêtes féroces ; il veut qu'ils s'aiment et qu'ils s'entr'aident comme ses propres enfants.

» En les faisant s'entre-tuer sur les champs de bataille, ne

II

*Il n'est pas vrai qu'après tant d'efforts et de peine
Notre époque ait enfin sacré la vie humaine.*

Les inquiétudes, les tristes pressentiments que la nouvelle de la guerre avait fait naître dans les cœurs ne furent que trop tôt confirmés. Lorsque les soldats rappelés de leurs foyers vinrent à Strasbourg, l'administration militaire n'avait pris aucune mesure pour

craignez-vous pas de méconnaître et de leur faire méconnaître cette volonté de Dieu ?

» L'Evangile commande de se réconcilier avec son frère, offenseur ou offensé.

» En voulant noyer les offenses dans le sang, ne craignez-vous pas de fouler aux pieds l'Evangile ?

» Jésus-Christ allait de lieu en lieu, faisant le bien, pardonnant les outrages, priant pour ses bourreaux.

» En portant partout le fer et le feu, en exterminant des milliers et des milliers de victimes, ne craignez-vous pas de ne pouvoir légitimement vous appeler disciples de Jésus-Christ ? »

les recevoir. Les malheureux mouraient de faim. Je rougis de le dire : on en vit mendier dans les rues. Les bourgeois charitables leur donnèrent du pain et de l'argent, pendant que les officiers de cour, qui devaient leur épaulette, non au mérite et au savoir, mais à la faveur, étalaient leurs uniformes dans les cafés, dans les réunions publiques, et menaient joyeuse vie, en attendant ce qui, dans leur pensée et grâce à l'élan des soldats, devait être une promenade militaire à Berlin !

Un vendredi, — c'était le 5 août, — des rumeurs contradictoires circulent tout à coup dans la ville. Il s'agissait d'une affaire qui devait s'être passée à Wissembourg. Selon les uns, c'était une victoire; selon les autres, une défaite. Le lendemain, samedi, ce fut bien pis. Soudain, vers sept heures du soir, on entend battre la générale, ce qui ne s'était pas fait depuis des années. Tout le monde se précipite dans les rues : « Nous sommes battus ! » nous crie-t-on ; « les Prussiens sont aux portes ! » La plupart ne répondent à cette nouvelle que par des dénégations incrédules. Malheureusement, les faits ne tardent pas à la rendre probable. Nous apprenons que les portes de la ville sont fermées et qu'un mouvement inusité se produit aux environs de la gare du chemin de fer. Nous y allons, et quel aspect, grand Dieu ! s'offre à nos regards ! Une longue file de blessés, bras en écharpe, tête bandée, visage en sang, les vêtements couverts de poussière, sortent du débarcadère au milieu d'un grand concours de peuple. (Nous apprîmes plus tard que c'étaient des blessés de l'armée de Mac-Mahon, battue à Wœrth, et qui avaient pu rejoindre un train à Haguenau.)

C'est alors qu'on vit, pour la première fois, se déployer à Strasbourg l'activité et le dévouement de cette association cosmopolite qui, au milieu des horreurs de la guerre, établit pour les blessés et les malades des asiles sacrés : j'ai nommé l'*Internationale*. Puisse cette belle institution humanitaire, dont le monde est redevable à Genève, être complétée par une autre! Puissent toutes les nations civilisées créer, d'un commun accord, un aréopage international, qui, soutenu par l'opinion publique, soit revêtu de l'autorité nécessaire pour, nouvelle *vehme*, plus puissante que celle du moyen âge, citer à sa barre les malfaiteurs couronnés qui se rendraient coupables du crime de lèse-humanité par une déclaration de guerre faite dans un intérêt dynastique ou d'ambition personnelle!

Le dimanche, 7 août, les débris valides de l'aile droite de Mac-Mahon arrivent dans un état indescriptible d'abattement et de délabrement! C'était une vraie retraite de la Bérézina, sauf le vêtement d'hiver. Il y avait là les restes de bataillons entiers détruits. J'ai vu trois canonniers les seuls survivants de deux batteries, c'est-à-dire de trois cents hommes! On parlait de sept chasseurs qui seuls, disait-on, avaient échappé à l'extermination de deux régiments dont, peu de jours auparavant, toute la ville avait admiré les gracieux et fringants chevaux arabes.

Jugez de l'impression que ces fuyards démoralisés durent produire sur les quinze cents à deux mille soldats (1) restés à Strasbourg, avec lesquels ils formèrent le corps de défense de la place!

Le lendemain (8 août), les premiers détachements ennemis sont signalés aux alentours de la ville. Les communications deviennent de plus en plus difficiles, et déjà l'on commence à s'attendre, — à quoi? A un bombardement? Pas le moins du monde! Pas même à un siége! On se rappelait que dans les années 1814 et 1815, après les épouvanta-

---

(1) C'est le chiffre indiqué dans une dépêche du préfet du Bas-Rhin au ministre de l'intérieur, sous la date du 7 août 1870, 10 h. 15 m. du matin.

bles désastres du premier Empire, la ville n'avait été que bloquée. L'ennemi s'était tenu à distance, et, tout le jour, les portes étaient restées ouvertes.

Ensuite, on ignorait complétement que l'état d'abandon et de dénûment où l'on avait vu nos soldats, après la déclaration de guerre, était l'état général de l'armée. On ignorait que la France n'était pas prête, que le ministre de la guerre l'avait indignement trompée; qu'il n'y avait peut-être, au commencement des hostilités, que tout au plus deux cent mille hommes sous les armes, et que partout les munitions et les approvisionnements faisaient défaut (1). On ignorait tout

---

(1) Les dépêches adressées au ministre de la guerre (fin juillet et commencement d'août), et publiées depuis par le gouvernement de la Défense nationale, tracent un tableau désolant de l'état d'abandon où se trouvait l'armée. Partout manquent les objets de première nécessité, les aliments, les marmites, les munitions, même les cartes. A Brest, au moment de partir pour les côtes de la Prusse, on réclame des

cela. On ne savait qu'une chose : c'est que, depuis l'avénement de Napoléon III, — devenu empereur parce qu'il avait dit : L'EMPIRE, C'EST LA PAIX ! — l'armée avait coûté à la France sept milliards !

cartes de la mer du Nord et de la Baltique (27 juillet). A Saint-Avold, le commandant du deuxième corps déclare n'avoir pas *une carte de la frontière de la France!* (21 juillet.) Le maréchal Canrobert se plaint de n'avoir, pour les vingt batteries du sixième corps, qu'*un seul vétérinaire* (4 août). A Thionville, le commandant du quatrième corps annonce qu'il n'a encore ni cantines, ni ambulances, ni voitures d'équipage pour les corps et les états-majors (24 juillet). Mais voici qui n'est pas le moins triste. Le général Michel, mandant son arrivée à Belfort, dit : « Pas trouvé ma brigade ; pas trouvé général de division. Que dois-je faire ? Sais pas où sont mes régiments » (24 juillet).

Lebœuf ne fut pas seul à tromper le pays. Après nos grands désastres, le ministre intérimaire Dejean déclare que *trois millions* de fusils sont prêts pour les nouvelles levées. Son successeur, Palikao, se contente d'en promettre quatre-vingt mille pour le 26 août! Mais le 24, il avoue qu'on en a acheté en Angleterre quarante mille, c'est-à-dire, en fin de compte, *qu'il n'y avait pas de fusils en France !!*

Tout le monde s'attendait donc, comme en 1859, lors de la campagne d'Italie, à recevoir bientôt la nouvelle d'une victoire des Français ; et cependant on devisait sur le caractère et les conséquences probables de cette guerre. Si les uns, par chauvinisme, n'y voyaient autre chose qu'une occasion nouvelle de mettre en relief la *furia francese*, — sans aller plus loin, — les autres, plus réfléchis, ne voyaient qu'avec inquiétude l'issue de ce choc formidable de deux peuples dont le caractère et les destinées, depuis trois cents ans, avaient pris des directions si différentes.

L'un, enchaîné à Rome, au seizième siècle, par la race abjecte des Valois ; privé, au dix-septième, par la révocation de l'édit de Nantes, de l'élément sérieux de son génie ; retombé sous la Restauration, grâce au concordat du premier Bonaparte, dans la dépendance de l'ultramontanisme, après l'admirable élan du dix-huitième siècle vers la liberté ;

flottant depuis lors entre le scepticisme et la superstition, et, par son éducation cléricale, non-seulement aliéné des études scientifiques, mais rendu incapable, malgré la fécondité de son esprit et sa puissante faculté d'initiative, de secouer le joug de la routine, d'administrer sérieusement les choses de ce monde, et surtout de pratiquer le gouvernement de soi-même.

L'autre, affranchi de Rome par Luther, au moment où il était plongé encore dans la barbarie; poussé dans la voie de la civilisation par nos huguenots réfugiés; gouverné par une dynastie aux mœurs simples et patriarcales, non moins économe que guerrière; sérieux, réfléchi, ouvert à toutes les sciences et à tous les progrès, discipliné par une éducation sérieuse, esclave du devoir, exercé enfin, par l'étude et le travail, à tout entreprendre et à tout embrasser.

Mettez-vous à la place des hommes éclairés et patriotes de Strasbourg. Attachés de cœur à la France, et cependant convaincus de la supériorité de la Prusse ; aimant la première parce que c'était leur patrie, sympathique à l'autre parce qu'ils y avaient puisé le savoir et l'instruction, — ne se trouvaient-ils pas dans une position semblable à celle de Rodrigue, placé entre son père et le père de Chimène ?

« Pour qui, » disaient-ils, « faire des vœux ? » Question d'autant plus embarrassante qu'elle se compliquait de scrupules qui ajoutaient aux hésitations de leur cœur. « Si les Français l'emportent, » disaient-ils, « hélas ! ce ne sera pas la France qui triomphera : ce sera l'Empereur, ce sera le despotisme, ce sera l'ultramontanisme ! Si les Prussiens, au contraire, restent maîtres du champ de bataille, oh ! alors, malheur à la patrie ! »

« Non, » disaient d'autres, — des hommes déplacés sans doute au milieu de la génération actuelle, dont la foi n'a pas la même candeur ni la même naïveté, — « non, » disaient-ils, « si la Prusse était victorieuse, elle serait plus utile que nuisible à la France. La Prusse n'ignore pas que le moment est solennel, que le clergé français veut donner à cette guerre une couleur religieuse. Nation protestante et instruite, en face d'un peuple catholique et ignorant, elle ne voudra pas seulement montrer sa puissance matérielle : elle voudra montrer surtout sa supériorité morale. C'est une obligation que sa culture intellectuelle même lui impose. « Noblesse oblige, » disait-on autrefois ; elle oblige à montrer des qualités supérieures à celles de la roture. Est-ce que par hasard la science et la religion n'obligeraient pas ? Que servirait-il à un peuple d'être plus instruit, s'il n'était pas plus civilisé ? Que lui servirait d'être plus religieux, s'il n'était pas meilleur ? Non, ne craignons pas la Prusse victorieuse : elle pratiquera, d'instinct, cette maxime d'un de nos poëtes :

Être vainqueur, c'est peu ; mais rester grand, c'est tout!

» Elle ne voudra point, par des procédés contraires, fournir aux obscurantistes de France un terrible argument contre la lumière et le protestantisme. Elle ne voudra point les autoriser à dire au pauvre peuple : « Vous voyez combien nous avions raison de vous prémunir contre l'influence de la science et du libre examen ! Voici une nation savante et protestante, et voilà ce qu'elle a fait ! Voilà les fruits de cette culture germanique tant vantée ! »

A l'appui de ces beaux raisonnements, on citait de beaux livres, celui, par exemple, qui a paru à Zurich, il y a quelques années, sous le titre : *Deutschlands Weltberuf,* et où l'auteur, homme libéral et cosmopolite, s'efforce d'établir que l'Allemagne accomplira sa mission sous la haute direction de la Prusse, et cette mission, dit-il, consiste à répandre dans le monde « *die Idee des Menschenthums,* » l'idée de l'*humanité !*

Fiez-vous donc aux beaux livres et aux

beaux raisonnements ! Pendant qu'on discutait ainsi, les premiers obus tombèrent sur Strasbourg !

Ce fut le 13 août.

Quoique ces projectiles eussent causé quelque dommage et fait plusieurs victimes, on les prit pour des boulets perdus, destinés aux remparts. Nous vivions toujours encore dans une illusion parfaite, nous protestants surtout. Nous étions convaincus que Strasbourg, qui avait si hautement manifesté son antipathie pour la guerre et son opposition au gouvernement impérial, n'aurait rien à craindre de ce grand et fidèle peuple allemand, dont les chefs avaient déclaré qu'ils ne voulaient pas faire la guerre à la nation française, mais à son gouvernement et à son armée; dont les soldats étaient entrés en campagne en chantant : *Ein' feste Burg ist unser Gott!* (C'est une solide forteresse que notre Dieu!) On se disait qu'après leurs victoires en Alsace, les officiers prussiens, interrogés sur le sort réservé à Strasbourg, auraient répondu : « *Wir wollen Es ganz und unversehrt haben!* (Nous voulons l'avoir entier et intact !)

Nos illusions furent bientôt dissipées !

Extrait du journal d'un pasteur : « Le 15 août, jour de la fête de l'Empereur, nous nous couchons de bonne heure, après nous être demandé, comme les années précédentes : « Combien de temps cette fête nous sera-t-elle encore imposée ? » Je dormais profondément, quand tout à coup, après onze heures, d'effroyables détonations me réveillent. Je me lève à la hâte pour aller rassurer ma femme, non encore relevée de couches, et lui dire que c'était sans doute le canon des remparts qui avait tiré. « Non, » répondit-elle, « c'est dans la ville même et dans notre quartier que les explosions ont lieu. Nous sommes bombardés ! »

» J'ouvre la fenêtre et ne tarde pas à entendre, pour la première fois de ma vie, des sifflements sinistres, suivis de coups secs et de fracas assourdissants. Je persiste à les attribuer à nos canons. Avec une obstination de confiance que rien n'ébranle, j'essaie de convaincre ma femme, par toutes sortes de raisons, que les Allemands ne tirent pas sur Strasbourg. — C'est un peuple civilisé, lui dis-je, et pour l'homme civilisé en armes, la femme est un être sacré. Or, il y a dans la ville au moins quarante mille femmes et jeunes filles. Tirer sur elles, sans que nous, leurs maris et leurs pères, puissions les défendre, ce serait le fait de la plus atroce barbarie ou de la plus infâme lâcheté ! Non, disais-je encore, l'armée allemande ne se compose pas de mercenaires enrôlés à prix d'or et qui n'ont ni principes ni sentiments d'honneur. Ce sont des hommes mariés, des pères de famille, des fiancés, tous chrétiens, tous élevés dans la connaissance de l'Evangile, et qui, certes, se révolteraient à l'idée qu'on pût assassiner dans leurs lits leurs propres femmes, leurs filles ou leurs fiancées ! Nous avons en outre, ajoutais-je, des enfants à la mamelle et des blessés, c'est-à-dire encore des êtres sacrés pour l'homme civilisé en armes. Jéhovah, selon la légende hébraïque, promit d'épargner Sodome et Gomorrhe s'il s'y trouvait *un seul* juste. Or, Strasbourg serait-il plus corrompu que Sodome et que Gomorrhe, les enfants et les blessés qui s'y trouvent suffiraient pour empêcher des hommes de cœur de tirer dessus !

» Cependant le vacarme cesse, et je me retire, heureux de ma conviction que l'honneur de l'humanité était sauf !

» Le lendemain, hélas ! quel désenchantement ! Parcourant la ville, je vois dans plusieurs rues des maisons ou des toitures endommagées ; j'apprends que deux époux (membres de notre Eglise) ont été atteints dans leur lit ; qu'une pauvre femme, au milieu de son sommeil, a eu les cuisses coupées, et qu'il a fallu transporter dans les caves les blessés du Lycée, un obus ayant éclaté au-dessus des fenêtres d'une salle qu'ils occupaient ! »

Dès lors, nous eûmes chaque jour l'occasion de faire connaissance, à nos dépens, avec les terribles engins que la science moderne a mis au service de la guerre. Ce n'étaient pas de simples boulets massifs, qui portent la mort dans une seule direction. C'étaient des projectiles creux, remplis de poudre, qui, en éclatant, lançaient dans tous les sens des morceaux informes et faisaient d'effroyables ravages. Sans parler des bombes de divers diamètres, il y eut d'abord des obus simples de 15 à 30 centimètres de long. Ils étaient entourés de plomb qui, au moment où l'obus éclatait, se déchirait en plusieurs pièces, dont chacune devenait projectile à son tour. Plus tard il y en eut de 55 centimètres de haut sur 24 de diamètre, assez puissants pour traverser de haut en bas tous les étages d'un bâtiment. La dernière nuit du siége, un de ces obus monstres causa, dans la maison d'un de mes amis, pour 25,000 francs de dégâts !

Nous reçûmes, en outre, des obus à balles (*Schrapnell*) remplis, comme leur nom l'indique, de balles de plomb auxquelles on donnait de la cohésion en y versant du soufre fondu. Ces obus, en éclatant, lançaient les balles dans toutes les directions. Au Gymnase protestant il en tomba trois sans éclater, dont un de petit calibre. On les fit vider, et l'on y trouva huit cent soixante et dix balles, deux fois plus qu'il n'en eût fallu pour tuer tous les élèves de l'établissement !

Nous ne sommes pas au bout. Dans ce fond d'horreurs, il y a un degré plus bas encore : ce sont les obus incendiaires, remplis d'un certain nombre de tubes en laiton, dont l'intérieur était plein d'essence de pétrole et les extrémités garnies de poudre. Quand l'obus éclatait, le feu se communiquait au pétrole qui, s'attachant aux toits, aux parois, aux meubles, aurait suffi pour ôter toute possibilité d'éteindre l'incendie, même si les assiégeants n'avaient pris pour règle, dès qu'une lueur se montrait, de faire tomber sur le bâtiment enflammé une grêle de projectiles!

Extrait du journal d'un pasteur : « Depuis plusieurs nuits nous avions dû faire descendre nos sept enfants de leurs chambres du second étage, pour les réunir dans une pièce du premier, où nous couchions tout habillés sur des matelas. Nous avions encore, dans notre ambulance du rez-de-chaussée, huit blessés, dont deux turcos, braves et excellents garçons.

» Le 24 au soir, jour de la Saint-Barthélemy, j'allais, comme d'ordinaire, raconter à mes enfants le terrible massacre de 1572, et leur inspirer tout ensemble l'horreur du fanatisme religieux et l'admiration que méritent dans tous les siècles le comte de Tende, le vicomte d'Orthes et les bourreaux de Troyes et de Lyon. Le premier, qui ne s'était fait connaître encore que par son caractère farouche et ses barbaries, avait répondu à l'envoyé de Charles IX, qui lui ordonnait de mettre à mort les huguenots, « qu'il n'estimait point que de tels commandements vinssent du mouvement du roi, et que, *quand le roi en personne lui commanderait de les mettre à exécution, il ne le ferait point.* » Le second, réputé lui aussi pour être un gouverneur très-tyrannique et très-impopulaire, avait écrit au roi : « Sire, j'ai communiqué le commandement de Votre Majesté à ses fidèles habitants et gens de guerre. *Je n'y ai trouvé que bons citoyens et braves soldats, mais pas un bourreau.* »

» A son insu, le vicomte calomniait les bourreaux. Temoins ceux de Lyon et de Troyes, qui refusèrent de prêter la main à la « tuerie ; ce dernier alléguant qu'il *n'était de son office d'exécuter personne sans qu'il y eût sentence de condamnation!* »

» Nous étions ce soir sous l'empire des plus sérieuses émotions. Soudain, aux environs de huit heures, une explosion épouvantable ébranle toute la maison. « C'est au grenier ! » s'écrie chacun. Je monte à l'étage supérieur, d'où, au milieu de l'obscurité, m'arrive une odeur de poudre suffocante. Par-dessus des débris de tuiles, de pierres et de chaux, j'atteins l'escalier du grenier. Là je vois le haut du pignon ouest de la maison enlevé.

» Les astres scintillaient à travers l'énorme ouverture. A peine redescendu près des miens, nous entendons une deuxième explosion en avant de la maison, puis une troisième dans la cour, d'où partent aussitôt des cris. Alors, sans perdre de temps : « Enfants, venez ; il faut descendre dans la cave ! » Les aînés prennent les devants, ma femme suit avec le nouveau-né, je me charge des plus jeunes, et, au milieu des détonations qui se succèdent autour de la maison, nous

nous hâtons de mettre à l'abri notre chère couvée.

» Pendant que nous nous installons dans la cave, on nous avertit que l'ambulance est bombardée. Pour aider à sauver nos blessés, deux élèves de l'Ecole de santé militaire, MM. Baulmont et Briquez, étaient accourus au péril de leur vie. Un obus avait éclaté à côté du second et l'avait renversé au moment où il entrait dans la cour. Le plus difficile fut de descendre un nommé Lesbre qui avait l'os du genou traversé par une balle et qui souffrait le martyre à chaque heurt de son matelas contre les tournants de l'escalier. A peine ces malheureux sont-ils à l'abri, que les cris et le tumulte redoublent au-dehors. Un officier paraît dans l'escalier, suivi de quelques soldats : « Messieurs, tout est en feu au-dessus de vous. Je suis chargé d'évacuer les blessés. Que les autres se sauvent, s'ils veulent éviter l'asphyxie ! » Nouvelle agitation. Nouveaux cris de douleur du pauvre Lesbre. Baulmont suit les blessés: Briquez (1) et le soldat Emile Bois du 78e restent avec nous. Par où échapper? Les obus éclatent devant le porte de notre escalier. Heureusement il y a, dans le mur du fond de la cave, une brèche; elle est, il est vrai, solidement cloisonnée; mais elle communique avec la cave de la maison voisine. Après un quart d'heure d'efforts, la cloison est brisée, et les enfants passent ou sont passés à travers l'ouverture. Je vois encore le sourire de la petite Jaca (2), se sentant portée par son père; ses yeux brillaient comme de petites étoiles sous le châle qui l'enveloppait.

» La cave voisine est pleine de monde. Je m'élance dans la cour et vois le toit du presbytère enveloppé de flammes, venant du

---

(1) Nous avons eu la douleur d'apprendre, depuis, que Briquez, entré dans le corps des francs-tireurs, a été tué à Soulz d'une balle au front.

(2) Jeanne-Caroline, âgée de un an et demi.

Gymnase en feu. Où aller? On crie : « Au bureau de l'Internationale! à la Ville-de-Paris? » Nous partons. Ce qui nous allége les difficultés de la fuite, c'est le sang-froid de nos pauvres chers enfants. Le chemin est éclairé par l'immense brasier derrière nous. Aux sifflements des obus se mêlent les cris des blessés qu'on sauve de l'ambulance du Gymnase. Nous arrivons sans accidents, loin de soupçonner tout ce que les flammes allaient dévorer!

» Quelle nuit passée dans la cave de la Ville-de-Paris! Au milieu des horribles détonations qui se succèdent jusqu'au matin, nous arrive de temps à autre une sinistre nouvelle : La Bibliothèque est brûlée! Le Temple-Neuf (1), le Musée de peinture sont en feu! Le presbytère Kopp n'existe plus!

---

(1) Par une étrange coïncidence, l'église du Temple-Neuf, jadis dédiée par les Dominicains à saint Barthélemy, fut détruite précisément la nuit de la Saint-Barthélemy.

Les maisons Wenger, Flach, Scheidecker, etc., sont la proie des flammes !

« Donc, » me disais-je, « voilà ce dont est capable un peuple chrétien et civilisé, qui prétend avoir Dieu pour auxiliaire ! Non, ce n'est pas là ce que Dieu inspire ; non, ce ne sont pas là les fruits du christianisme ! Si Dieu dictait de pareils ordres, il faudrait le renier sur l'heure ! Si le christianisme autorisait de pareilles atrocités, il faudrait l'abjurer immédiatement ! Non, ces hommes ne connaissent ni Dieu ni la religion de Jésus ! Ah ! pasteurs qui les avez instruits, quelle responsabilité pèse sur vos consciences ! Quel compte vous aurez à rendre à la postérité ! Disciples de la Réforme, vous avez imité les adversaires de la Réforme. Vous avez enseigné des doctrines, non parce que vous aviez acquis la certitude qu'elles étaient justes et vraies, mais uniquement parce qu'elles se trouvaient dans vos catéchismes !

» Puissent désormais tous les pères et toutes les mères unir leurs efforts pour obtenir une réforme de l'éducation religieuse de l'enfance, afin qu'à la place de l'erreur d'un peuple élu, on leur enseigne la fraternité des nations ; au lieu des principes d'iniquité, la justice universelle ; au lieu des doctrines qui inspirent les haines nationales, celles qui développent les vertus de l'humanité ! »

Les nuits des 24, 25 et 26 août furent les plus affreuses qu'on pût imaginer. La légende d'Omar fut dépassée par la réalité ! Tous les produits du génie humain accumulés à Strasbourg furent détruits : l'art, la pensée, la religion virent les fruits de leurs inspirations devenir la proie des flammes (1).

---

(1) On a beaucoup reproché aux Strasbourgeois de n'avoir pas sauvé leur bibliothèque et leurs œuvres d'art, tandis que, dans les villes d'outre-Rhin, tout avait été mis dans les caves. C'est qu'il y avait, entre les Allemands et nous, cette grande différence : qu'ils croyaient avoir affaire à des barbares, et nous à des hommes civilisés. De quel côté s'est-on le plus trompé ?
Je n'oublierai jamais que le lendemain du premier incendie,

Alors, nous avons versé les premières larmes d'indignation et de douleur, en voyant la nef de la cathédrale en feu. Nous songions à Titus, qui, avant d'attaquer le temple de Jérusalem, avait assemblé son conseil de guerre et avait fait prévaloir l'avis qu'il fallait respecter cet édifice !

On me dira peut-être : « Que voulez-vous ? ce sont là les lois de la guerre ! » Soit ; mais quels sont les barbares qui les ont faites ? Quelle époque de ténèbres les a conçues ? Dans quel code de sang sont-elles consignées ? Que de telles lois aient pu naître au moyen âge, je ne m'en étonne pas ; mais ce qui m'étonne, c'est qu'il se trouve, au dix-neuvième siècle, des hommes pour les exécuter !

un pasteur de Strasbourg, d'origine allemande, plutôt que d'accorder que ses compatriotes avaient mis le feu à nos maisons, prétendit que c'étaient les habitants des maisons voisines qui, pour des motifs de vengeance privée, avaient commis ce méfait !

J'aime toutefois à relever un fait, un *on dit* que, malgré mes informations, je n'ai pu constater encore, mais que je crois vrai, pour l'honneur de la nature humaine : c'est que des canonniers allemands auraient demandé qu'on les exemptât de l'horrible tâche dont ils avaient été chargés !

Tâche horrible en effet, car il s'agissait de détruire non-seulement les choses, mais encore les personnes ! Si dans l'intérieur de la ville, où chacun ne pouvait embrasser qu'un espace borné, les effets du bombardement furent désastreux, du dehors ils parurent plus désastreux encore. Un collègue qui, revenu de Paris pendant le siége, avait été obligé de passer trois semaines dans le camp prussien avant de pouvoir rentrer en ville, m'affirmait que si on lui avait dit : « Les assiégeants nous ont tué dix mille personnes ! » il n'aurait rien trouvé d'extraordinaire à ce chiffre.

C'est grâce à l'abri que les caves voûtées

offraient dans beaucoup de maisons que la plupart des habitants furent sauvés. Mais à quels dangers étaient exposés ceux que leurs affaires et leurs devoirs obligeaient de sortir!

Je frémis encore au seul souvenir de ce que j'ai vu personnellement. Des hommes, des femmes aux bras ou aux jambes emportés, à la mâchoire fracassée, au visage mis en pièces! Des enfants hachés! Un malheureux jeune homme de vingt ans, à qui un obus coupe les deux cuisses à quelques pas de moi : les os, garnis de chair saignante, sortent des pantalons déchirés, et le pauvre mourant se tord les bras de douleur! Une belle jeune fille, à laquelle un éclat vient de briser le pied et un autre d'ouvrir la poitrine : les poumons, mis à nu, se gangrènent, et la malheureuse expire après douze jours de souffrances!

Permettez-moi de jeter un voile sur ces scènes d'horreur! Rien qu'à y penser, mon cœur se brise et mon sang se glace dans les veines !

Vous pourriez vous attendre à ce que, témoin de ces atroces spectacles, je vienne ici manifester de l'animosité et prononcer devant vous des paroles de haine et d'exécration contre ceux qui nous ont traités ainsi.

Détrompez-vous : les souffrances et les douleurs ne doivent jamais éteindre les bons sentiments dans le cœur de l'homme. L'humanité doit toujours prévaloir sur l'amertume et la colère. Je pardonne à nos ennemis ; mais ce que j'accuse et condamne de toute l'énergie de mon indignation, c'est la guerre elle-même ; non la guerre de défense nationale, cette levée en masse des citoyens, pour mettre un mur vivant entre l'envahisseur et le sanctuaire du foyer domestique, mais la guerre qui a pour but d'orner de lauriers la tête d'un prince, d'agrandir son pays, d'augmenter le nombre de ses « sujets. » La guerre, alors, c'est la déplorable occasion de lâcher sans frein ce reste de bête féroce encore caché dans la nature humaine ; c'est le déchaînement et la légitimation de ce couple monstrueux que toute civilisation réprime dès son début, et qu'on appelle le *brigandage* et *l'assassinat*. Si, en temps de paix, le désordre et le crime sont obligés de se ranger et de dire : « Laissez passer la justice et l'humanité ! » en temps de guerre, c'est la justice et l'humanité qui se rangent et qui disent : « Laissez passer le désordre et le crime ! laissez passer le vol, le pillage, le meurtre et l'incendie ! » Honte donc et malédiction sur la guerre et sur ceux qui la provoquent ou la poursuivent !

Revenons à Strasbourg. Pendant nos six semaines d'angoisses, il a fallu s'occuper non-seulement des blessés, mais aussi des pauvres, privés de travail et d'abri, et dont le nombre augmentait de jour en jour. Des barraques furent construites sous les ponts, le long des remparts et des chemins de halage. Mais comment nourrir tant d'infortunés?

Lorsqu'il est question d'un siége, bien des personnes voient en pensée les pauvres obligés de manger des animaux immondes et jusqu'au cuir des chaussures. Ce ne fut pas le cas à Strasbourg. Grâce à d'énormes sacrifices supportés par les classes aisées, on établit dans les divers quartiers de la ville des cuisines économiques, et vous devineriez difficilement à quel prix la classe ouvrière put prendre ses repas! Un dîner copieux et très-convenable leur revenait à 25 centimes; le souper n'en coûtait que 15!

Au milieu de ces miracles de la charité publique, nous étions tous comme des condamnés à mort, enfermés dans une prison d'où chaque jour le bourreau vient tirer, au hasard, un certain nombre de malheureux. Comme il y avait en moyenne une vingtaine de victimes par jour (sans compter les militaires atteints sur les remparts) (1), nous nous demandions chaque matin, le cœur plein d'une sombre inquiétude pour ceux que nous aimions : « Qui d'entre nous sera frappé aujourd'hui ? »

Mères, épouses, vous comprendrez sans peine les angoisses de nos pauvres femmes, qui ne voyaient pas une heure du jour, pas un endroit de la ville où leurs maris et leurs enfants fussent absolument en sûreté. Une femme se tenait, avec son enfant sur les bras, dans un coin formé par deux murs et qui paraissait à l'abri des projectiles. Une bombe éclate dans une maison à cent pas de là ; un débris lancé par une fenêtre tue l'enfant dans les bras de sa mère et blesse la mère elle-même ! »

---

(1) D'après une statistique publiée à Berlin, deux cent quarante et une pièces d'artillerie ont lancé sur la ville une moyenne de plus de six mille projectiles par jour : quatre à cinq par minute !

Ce qui assombrissait encore cette affreuse position, c'était notre ignorance de ce qui se passait au dehors. Nous étions comme coupés du reste du monde et constamment trompés par les faux bruits que les autorités faisaient circuler. Tantôt on disait que Garibaldi était à Colmar, à la tête de quinze mille francs-tireurs; tantôt c'était Mac-Mahon qui approchait des Vosges avec trois cent mille hommes! L'espoir, comme le soleil, ne se levait le matin que pour disparaître le soir et nous replonger dans les ténèbres.

Près de trente jours s'étaient passés ainsi, dans une situation que nulle langue humaine ne saurait décrire. Ce temps, certes, aurait suffi pour mériter à Strasbourg les honneurs que Paris lui a décernés. S'il est vrai que la statue en pierre de notre ville, qui orne la place de la Concorde, doive être remplacée par une statue de bronze, on devrait y inscrire ces deux vers, qu'après la reddition une main inconnue écrivit à la craie sur le mur d'une maison incendiée :

Passant, va dire au monde avec quelle constance
Strasbourg a su souffrir pour rester à la France.

Soudain, un dimanche, — c'était le 11 septembre, vers onze heures du matin, — la porte Nationale s'ouvre, et qui voyons-nous entrer? MM. Bischoff, Rœmer et de Buren, les trois délégués suisses, qui venaient offrir l'hospitalité de leur pays à nos vieillards, à nos femmes et à nos enfants !

C'était comme un rayon de lumière au milieu de nos ténèbres, comme une rosée bienfaisante pour nos cœurs flétris et desséchés !

Cette belle démarche, unique peut-être dans l'histoire, parut si extraordinaire, que bien des personnes refusèrent d'y ajouter foi. Croiriez-vous que j'ai entendu un professeur de littérature, homme honnête, dévoué, qui avait prouvé qu'il savait supporter des sacrifices, affirmer avec la plus entière conviction que ce n'était pas un acte de générosité conçu par la Suisse, mais une ruse imaginée par le général prussien pour faire connaître aux habitants les événements de Sedan, la défaite de Mac-Mahon, la captivité de l'Empereur et la proclamation de la République !

Il est vrai, toutes ces nouvelles, nous ne les savions pas encore le matin du 11 septembre ! Mais quel effet ont-elles produit dans la ville ? D'abord on s'étonna que quatre-vingt-dix mille Français se fussent rendus sans coup férir ; mais quand on sut positivement que l'Empereur était pris et la République proclamée, ce fut une explosion de joie. Vous eussiez vu les visages défaits s'épanouir, et au milieu des obus qui tombaient, les fenêtres se pavoiser du drapeau tricolore. On se sentait enfin délivré du joug honteux qui depuis vingt ans pesait sur la France ; et c'est ce qui fit paraître le désastre de Sedan moins amer. On sentait qu'il y avait dans l'histoire une page plus douloureuse et surtout plus honteuse pour nous que celle du 2 septembre 1870 : c'est celle du 2 décembre 1851 ! On sentait que la catastrophe de Sedan n'était, en définitive, que le « couronnement de l'édifice, » le vrai couronnement de l'édifice infâme, dont les fondements avaient été posés en ce jour à jamais néfaste.

« Mais pourquoi, » disait-on, « la guerre continue-t-elle ? Pourquoi n'a-t-elle pas cessé après la chute de l'Empire ? Pourquoi les Allemands renoncent-ils à la gratitude de la France, à l'admiration du monde et à la gloire immortelle que leurs victoires leur ont value ? En faisant la guerre à la nation, ne rompent-ils pas l'alliance avec la justice qui, jusqu'à Sedan, se trouvait dans leurs rangs, et qui maintenant va passer dans les nôtres ? »

Ce qui est certain, c'est que depuis le 11 septembre, la défense, précédemment molle et faible, devint énergique et vigoureuse. On se battait, non plus pour un homme, mais pour la patrie et la liberté. Nous qui avions perdu jusqu'au sens du mot *patrie*, — dans l'excès de nos calamités, — nous en avons eu la révélation. Malheureusement, l'ennemi avait déjà trop d'avantages. Ses batteries, après avoir foudroyé la ville, balayaient les remparts. Nos pauvres soldats étaient décimés, et cependant personne n'avait perdu l'espoir !

Quels furent nos regrets et nos douleurs, lorsque le mardi, 27, vers cinq heures du soir, nous vîmes le drapeau blanc flotter sur la cathédrale, et qu'on nous déclara que la défense n'étant plus possible, la ville se rendrait le lendemain !

Pourquoi vous le cacherai-je? Cette nouvelle nous a déchiré le cœur. Jamais je n'ai pleuré comme ce jour-là. Ah ! si quelqu'un peut se figurer ce qu'il éprouverait en voyant sa mère violée, celui-là comprendra ce que nous avons ressenti en voyant la patrie succomber sous la force brutale !

Quels sentiments pour nos adversaires se sont mêlés à cette grande et poignante douleur? Qu'avons-nous éprouvé à l'égard de ceux qui, si gratuitement nous ont traités avec tant de barbarie? Je dis *gratuitement*, car la ville eût été réduite, presque dans le même temps, par la famine seule. Surprise, comme elle l'a été, elle n'était pas assez approvisionnée pour résister plus de deux mois, surtout si elle avait conservé toutes les bouches que les projectiles ennemis, les laisser-passer et les convois des Suisses ont écartées de nos provisions.

Aussi ne serez-vous pas étonnés d'apprendre que ce siége a fait naître, dans la population de Strasbourg, deux espèces de sentiments bien différents.

Le souvenir de mille sept cents personnes inoffensives tuées ou blessées, les huit à dix mille malheureux dépouillés en tout ou en partie de leurs biens, les cent millions de dégâts opérés, la région nord de la ville offrant le désolant spectacle d'Herculanum et de Pompéï, — tous ces terribles effets du siége ont provoqué, chez ceux dont les pensées s'arrêtent où s'arrêtent les regards, des antipathies et des haines qui ne s'éteindront pas avec la présente génération.

Il y a, en outre, les esprits réfléchis, qui ont l'habitude de remonter des effets aux causes. Ceux-là savent que le monde n'est pas à la merci de l'aveugle hasard, mais qu'un ordre moral, aussi régulier, aussi constant que l'ordre physique de l'univers, ne permet de moissonner que ce qu'on a semé. Ils savent, d'autre part, que, dans toutes les nations, les chefs et les citoyens, les gouvernants et les gouvernés, sont unis par un lien étroit de solidarité, qui demande non-seulement, lorsque le soleil se lève, qu'il éclaire les méchants avec les bons, mais aussi, lorsque la pluie tombe, qu'elle incommode les justes avec les injustes.

En conséquence, ils envisagent nos malheurs à un point de vue plus élevé. Ils y voient une *expiation*, expiation terrible, il est vrai, sanglante, atroce, mais qui, — si la France rentre en elle-même, si elle reconnaît les fautes commises et les prend à cœur, si elle profite de cette épouvantable expérience pour changer de voies, — sera pour elle le signal d'une profonde et radicale régénération, le commencement d'une ère nouvelle de grandeur et de prospérité.

Ces deux ordres de sentiments et d'impressions, vous les retrouvez dans les promesses que, durant le siége, deux mères protestantes ont exigées de leurs enfants.

L'une, exaltée, exaspérée par la douleur, fait lever ses fils au milieu de la nuit, pour leur faire prêter, dans les ténèbres, un véritable serment d'Annibal. Elle leur fait jurer, devant le Dieu invisible, de ne jamais communier, de ne jamais s'associer avec un

Allemand, et surtout de ne jamais épouser de femme allemande.

L'autre, en plein jour, conduit les siens à la fenêtre d'où l'on peut voir toutes les ruines amoncelées autour de la maison : « Regardez bien ce spectacle, » leur dit-elle, « et que rien ne l'efface de votre mémoire. C'est la confirmation de cette parole de l'Evangile : On ne cueille pas de raisins sur les épines, ni de figues sur les chardons. C'est le triste fruit de l'ambition d'un homme qui, pour arriver au trône de France, n'a pas reculé devant le parjure, et qui dans l'espoir de s'affermir sur ce trône éphémère et de le conserver à sa dynastie, a entrepris cette guerre fratricide, qui a coûté la vie à plus de cent mille hommes, sans compter notre belle ville de Strasbourg décimée et ruinée !

» Promettez-moi donc, chers enfants, de rester invariablement fidèles à la loi du devoir, et de jamais quitter le chemin de l'honnêteté ! Que votre devise soit : *Travailler*, *devenir meilleurs, être utiles aux autres!* Et quelle que soit votre carrière future, n'ayez jamais recours, pour atteindre votre but, à des moyens que la morale réprouve et que la conscience condamne. »

Cette leçon, n'est-ce pas celle que toutes les mères du monde devraient tirer de cette lamentable histoire? A coup sûr elle serait plus utile à l'humanité que les regrets sur les pertes que nous avons subies. Les pertes matérielles peuvent se réparer. Les maisons et les églises détruites, les bibliothèques et les œuvres d'art consumées par les flammes, peuvent se remplacer par d'autres et quelquefois par de meilleures. Ces splendeurs et ces richesses ne sont pas tombées des nues. Elles sont issues du travail humain. Leur source c'est l'esprit et le cœur de l'homme. Or ce fond-là ne s'épuise jamais. De siècle en siècle, il produit en abondance de nouvelles idées, de nouvelles conceptions. On verra dans l'avenir de plus grands architectes, des peintres plus habiles, des écrivains plus illustres que ceux du passé. Un temps viendra où la société, comparée à notre état actuel, sera ce que nous sommes nous-mêmes en ce moment, comparés aux habitants des cités lacustres. Je le répète donc, les pertes matérielles sont réparables, et ce ne sont pas celles qu'il faut le plus regretter. La seule chose vraiment regrettable, c'est la décadence morale, c'est l'abaissement des caractères, c'est l'infidélité aux principes de la justice et de l'honneur, c'est l'absence de la foi en un ordre de choses idéal.

Comment empêcher, comment prévenir de pareils maux ? — Par une bonne et saine éducation maternelle. Mères, combien est grande votre responsabilité ! Quelle belle et noble tâche est la vôtre ! C'est à vous aujourd'hui de former des générations supérieures à la génération actuelle !

Savez-vous bien ce que vous tenez dans vos bras quand vous serrez un enfant contre votre cœur? — Ce n'est rien moins que l'avenir de la société, l'avenir du monde!

Qu'étaient un jour tous ces hommes, que nous appelons *grands* parce qu'ils sont la gloire et l'honneur du genre humain; ces hommes dont l'histoire reconnaissante a gravé les noms sur le marbre et sur l'airain, et, ce qui vaut mieux encore, dans le cœur de la postérité; ces hommes enfin, qui, par leurs pensées élevées et leurs actions sublimes, ont ennobli la nature humaine, et fait faire à des peuples entiers des progrès immenses dans la voie de la justice et de la vérité?

Ces hommes étaient un jour de petits enfants, jouant sur les genoux de leur mère, souriant à son sourire et heureux de recevoir ses baisers!

O mères, comprenez votre influence et votre force! C'est de votre action dans la famille, c'est de l'éducation que vous donnerez à vos enfants, que dépendra désormais l'une de ces deux choses.

Ou les hommes continueront à se laisser guider par l'égoïsme, par les préjugés de caste, par les haines religieuses et nationales; ils continueront à se séparer les uns des autres, à se combattre, à s'exterminer mutuellement, à présenter enfin, dans les siècles futurs comme dans ceux du passé, le triste et affligeant spectacle de la lutte de Caïn et d'Abel! — ou bien, sachant qu'ils sont tous frères, parce que vous le leur aurez dit, ils comprendront que la règle suprême qui doit marquer de son sceau toutes les relations entre les hommes, c'est ce principe de justice universelle : « Faites aux autres ce que vous voudriez qu'ils vous fissent à vous-mêmes, s'ils étaient à votre place et vous à la leur. » Ils comprendront que les individus, les familles et les peuples ne sont, en fin de compte, que les membres d'un seul et même corps, et que le but de tous doit être d'unir leurs forces, pour contribuer au bien-être et à la prospérité du corps entier.

Si ce sont là les principes d'après lesquels vous élèverez vos enfants, mères, oh! alors des temps nouveaux viendront. La guerre disparaîtra de ce monde; la justice et la concorde établiront leur résidence parmi les hommes. Que l'humanité sera belle alors, semblable à une grande lyre, ou, si vous voulez, à une harpe magnifique, où chaque nation sera une corde, et dont nulle lacune ne troublera la splendide harmonie! Tu les feras vibrer toutes, ô bon génie de ce globe! Tu en tireras des sons mélodieux qui, s'unissant aux sons échappés des autres globes, offriront au Maître de l'Univers, au Père de toutes les créatures, un concert plus grandiose et plus ravissant que la musique des sphères, entendue par Scipion dans les ténèbres de la mort!

Que le spectacle de cette guerre affreuse, dont les sanglantes péripéties font souffrir l'Europe entière, vous engage, mères, à vous mettre à l'œuvre sans retard. Alors, malgré nos cruelles déceptions, nous pourrons rouvrir nos cœurs à l'espérance! Ce ne sera plus un vain mirage, ce ne sera plus une vision fantastique, mais nous contemplerons, en pensée, les peuples affranchis et la famille humaine constituée. Il nous sera permis alors de dire avec le poëte, sûrs, cette fois, de ne plus nous tromper :

>Au fond des cieux un point scintille.
>Regardez : il grandit, il brille,
>Il approche, énorme et vermeil.
>O République universelle !
>Tu n'es encor que l'étincelle,
>Demain tu seras le soleil!

FIN.